ALPHABET
CHRÉTIEN
POUR
L'ENFANCE.

ÉPINAL,
Imp. de **PINOT** et **SAGAIRE**, lib.-édit.

MAJUSCULES.

A B C D E
F G H I J
K L M N O
P Q R S T
U V X Y Z

MINUSCULES.

a b c d e

f g h i j

k l m n o

p q r s t

u v x y z

LETTRES DE FANTAISIE.

ABCDEFGHIJKLM
NOPQRSTUVXYZ

ABCDEFGHIJKLM
NOPQRSTUVXYZ

SYLLABES.

ba	be	bi	bo	bu	ma	me	mi	mo	mu
ca	ce	ci	co	cu	na	ne	ni	no	nu
da	de	di	do	du	pa	pe	pi	po	pu
fa	fe	fi	fo	fu	ra	re	ri	ro	ru
ga	ge	gi	go	gu	sa	se	si	so	su
ha	he	hi	ho	hu	ta	te	ti	to	tu
ja	je	ji	jo	ju	va	ve	vi	vo	vu
ka	ke	ki	ko	ku	xa	xe	xi	xo	xu
la	le	li	lo	lu	za	ze	zi	zo	zu

MOTS D'UNE SYLLABE.

Doux	Faim	Fort	Cieux
Huit	Neuf	Dix	Main
Dieu	Roi	Vent	Loi
Oui	Non	Si	Pluie
Bien	Mal	Bon	Pont

MOTS DE DEUX SYLLABES.

Pa pa	Ma man	En fant
Bon jour	A dieu	Fu sil
Tam bour	Bon bon	Rai sin
Pou pée	Tou tou	Gâ teau
Oi seau	Che val	Cor beau
Bé bé	Ra bot	Cou leur

MOTS DE TROIS SYLLABES.

Ca ba ret	Pé ni tent	Gar ni son
Fan tai sie	Mu si que	Pis to let
Ma ca ron	Lu miè re	É tu de
Pan ta lon	Nou veau té	Mi sè re
Cap tu rer	Al pha bet	I ma ge

MOTS DE QUATRE SYLLABES.

Re con nais sant	Ca ma ra de
Fra ter ni té	Fra ter ni té
Do mes ti que	Ré cla ma tion
Ca ra bi nier	Né gli gen ce
Il lus tra tion	Se cou ra ble
Ca pi tai ne	Four mi liè re

PHRASES.

C'est Dieu qui a fait le ciel et la terre.
Le printemps ranime toute la nature.
Il faut préférer l'honneur à la fortune.
On doit aimer et désirer la sagesse et la vertu.
Écoutons toujours les bons conseils.
Paris est une des plus grandes villes du monde.

Chiffres arabes.

0	1	2	3	4	5	6	7	8	9
Zéro	*Un*	*Deux*	*Trois*	*Quatre*	*Cinq*	*Six*	*Sept*	*Huit*	*Neuf*

Chiffres romains.

I	II	III	IV	V	VI	VII	VIII	IX	X
1	2	3	4	5	6	7	8	9	10

DES VOYELLES ET DES CONSONNES.

Il y a six voyelles, qui sont :

a e i o u y

Il y a dix-neuf consonnes, qui sont :

b c d f g h j k l m n p
q r s t v x z

DES ACCENTS.

On met sur quelques lettres de petits signes pour en changer la prononciation.

Il y a quatre sortes d'E.

L'E muet, qui est sans accent *e*.

L'E fermé, qui a l'accent aigu *é*.

L'E ouvert, qui a l'accent grave *è*.

L'E fort ouvert, qui a l'accent circonflexe *ê*.

L'accent circonflexe se place sur les cinq voyelles *â ê î ô û*.

L'accent grave se place aussi sur *à* et *ù*.

Le signe placé sous le *ç* se nomme *cédille*.

Il se prononce comme *s* devant les voyelles.

Les deux points placés sur les lettres *ë ï ü* se nomment *tréma*.

MOTS AVEC ACCENTS.

Accent aigu.

Pro pri é té. Dé lé gué. Bé né fi ce. Ré ga lé.

Accent grave.

Pè re. Mè re. Frè re. Car riè re. Fon dri è re.

Accent circonflexe.

Tem pê te. Fê te. Mâ con. Geô le. Prê tre.

Tréma.

Ca ï man. Bis ca ï en. Mo ï se. Fa ï en ce.

DE LA PONCTUATION.

, *Virgule*. La virgule indique qu'il faut un peu se reposer.

; *Point-virgule*. Le point-virgule se met entre deux phrases dont l'une dépend de l'autre.

: *Deux-points*. Les deux-points lorsque la phrase est suspendue.

. *Point*. Le point indique que la phrase est terminée.

? *Point d'interrogation*. Le point d'interrogation se met à la fin d'une phrase où l'on interroge.

! *Point exclamatif*. Le point exclamatif exprime la surprise.

' *Apostrophe*. L'apostrophe sert à remplacer une voyelle, comme *L*'image.

- *Trait-d'union*. Le trait-d'union est un petit trait que l'on fait au bout d'une ligne pour indiquer que le mot est coupé.

DEVOIRS DES PETITS ENFANTS.

Le devoir d'un enfant est d'obéir à ses parents, d'être attentif à leur plaire.

Priez Dieu le matin et le soir, afin qu'il conserve les jours de votre papa, de votre maman et de votre famille. Priez-le aussi afin que vous soyez un bon et gentil enfant.

Ne vous mettez jamais en colère, ne soyez pas gourmands ni menteurs, car ce sont des vices affreux.

Étudiez les petites leçons qui vous sont données par vos maîtres.

A l'école, soyez attentifs aux leçons qu'ils vous donnent. Ne causez pas et ne soyez pas turbulents en classe.

Ne rapportez jamais les fautes de vos petits amis, mais dites-leur de faire mieux.

Ne mentez jamais; le mensonge est en abomination à Dieu. Si vous avez fait une faute, dites de suite : c'est moi, et n'y retombez plus.

Dans la rue, ayez un maintien honnête et réservé; ne courez pas comme des petits fous.

Jouez tranquillement avec vos frères et sœurs, ou camarades; soyez bons pour eux.

Ne vous mettez pas en colère, et surtout ne les battez jamais, car Dieu vous punirait.

Parlez doucement aux domestiques, ils sont déjà assez malheureux de servir.

Soyez charitables envers les malheureux; aimez-les, car ils sont vos frères.

A l'église, ne regardez pas ni à droite ni à gauche; songez que vous êtes dans la maison du bon Dieu, qui vous voit et qui écoute les prières que vous lui adressez.

PRIÈRES.

Oraison dominicale.

Notre Père qui êtes aux cieux, que votre nom soit sanctifié; que votre règne arrive; que votre volonté soit faite en la terre comme au ciel : donnez-nous aujourd'hui notre pain quotidien; pardonnez-nous nos offenses comme nous les pardonnons à ceux qui nous ont offensés, et ne nous laisser pas succomber à la tentation, mais délivrez-nous du mal.
Ainsi soit-il.

Salutation angélique.

Je vous salue, Marie, pleine de grace; le Seigneur est avec vous; vous êtes bénie entre toutes les femmes, et Jésus, le fruit de vos entrailles est béni. Sainte Marie, mère de Dieu, priez pour nous, pauvres pécheurs, maintenant et à l'heure de notre mort.
Ainsi soit-il.

Symbole des Apôtres.

Je crois en Dieu, le Père tout-puissant, créateur du ciel et de la terre, et en Jésus-Christ son Fils unique, notre Seigneur; qui a été conçu du Saint-Esprit, est né de la Vierge Marie; a souffert sous Ponce-Pilate; a été crucifié, est mort, et a été enseveli; est descendu aux enfers, et le troisième jour est ressuscité des morts; est monté aux Cieux, est assis à la droite de Dieu le Père tout-puissant, d'où il viendra juger les vivants et les morts. Je crois au Saint-Esprit, la sainte Eglise catholique, la communion des Saints, la rémission des péchés, la résurrection de la chair, la vie éternelle.

Ainsi soit-il.

Confession des péchés.

Je confesse à Dieu tout-puissant, à la bienheureuse Marie toujours Vierge, à saint Michel Archange, à saint Jean-Baptiste, aux Apôtres saint Pierre et saint Paul, à tous les Saints, et à vous mon Père, que j'ai beaucoup péché, par pensées, par paroles, par actions et par omissions ; c'est ma faute, c'est ma faute, c'est ma très grande faute : c'est pourquoi je supplie la bienheureuse Marie toujours Vierge, saint Michel Archange, saint Jean-Baptiste, les Apôtres saint Pierre et saint Paul, tous les saints, et vous, mon Père, de prier pour moi le Seigneur notre Dieu.

Que le Dieu tout-puissant nous fasse miséricorde, qu'il nous pardonne nos péchés et nous conduise à la vie éternelle. Ainsi soit-il.

Prière avant le repas.

Mon Sauveur, j'unis ce repas à tous ceux que vous avez pris sur la terre. En mourant, vous avez été abreuvé de fiel et de vinaigre : ne permettez pas que je fasse aucune faute contre la tempérance et la sobriété chrétienne.
Ainsi soit-il.

Prière après le repas.

Mon Dieu, je vous remercie de la nourriture que vous m'avez fait prendre. Faites-moi la grace de n'employer ma vie, ma santé et mes forces, que pour vous servir.
Ainsi soit-il.

Épinal, PINOT et SAGAIRE, Imp.-lib.

O Jésus ayez pitié de nous.

Jésus meurt sur la croix pour nous sauver.

www.ingramcontent.com/pod-product-compliance
Lightning Source LLC
Chambersburg PA
CBHW071419060426
42450CB00009BA/1954